"Ella"

Günther & Ich

story.one – Life is a story

story.one

FSC
www.fsc.org
MIX
Papier aus verantwortungsvollen Quellen
Paper from responsible sources
FSC® C105338

1st edition 2024

Production, design and conception:
story.one publishing - www.story.one
A brand of Storylution GmbH

Font set from Minion Pro, Lato and Merriweather.

ISBN: 978-3-7115-6232-6

♡♡♡

Dieses Buch soll Mut machen und zeigen, dass es immer irgendwie weitergehen kann.

Vielleicht erkennen sich auch Personen wieder, die bereits Gleiches oder Ähnliches erlebt haben.

Wir sind nicht allein!

P.S.: Es ist zwar kein Ratgeber, wer genau hinsieht, entdeckt aber vielleicht doch den ein oder anderen Tipp ;)

INHALT

Irgendwas stimmt da nicht	9
Und jetzt?	13
Die ersten Tage	17
Endlich zu Hause	21
Regeln und Vorgaben	25
Das Thema Haare	29
Die onkologische Tagesklinik	33
Lilli	37
Mundschleimhautentzündung	41
Die Zeit auf Station	45
Das Ende der Intensivtherapie	49
Wiedereinstieg in die Schule	53
Unter Druck	57
Das Ende der Erhaltungstherapie	61
Danksagung	65

Irgendwas stimmt da nicht

Es ist der 2. Mai 2018. Die große Pause hat gerade angefangen. Ich schleppe mich die Treppen vom zweiten in den dritten Stock hoch, wir schreiben gleich eine Kurzarbeit in Chemie. Ich muss mich beeilen, alle anderen sind schon oben. Aber ich komme einfach nicht hinterher. Jeder einzelne Schritt ist so anstrengend; als hätte ich einen Elefanten auf meinen Schultern sitzen. Das ist schon seit ein paar Wochen so. Vor allem bei meinen beiden Lieblingssportarten Klettern bzw. Bouldern und Schwimmen fällt auf, dass ich deutlich weniger Energie habe als sonst. Ich bin sehr blass, wahnsinnig schnell erschöpft, bekomme Schüttelfrost, blaue Lippen und Fieber. Irgendwas stimmt da nicht.

Nun bin ich endlich oben angekommen, stelle meinen Rucksack ab und lehne mich schwer atmend an die Wand. Bevor ich dazu komme mir die Lernzettel noch einmal durchzulesen, klingelt es auch schon und die Pause ist zu Ende. Ich setze mich auf meinen Platz und versuche mich zu konzentrieren. Doch ich bin total müde und überhaupt nicht bei der Sache. Da werden auch schon die Blätter verteilt und es wird ernst. Ich starre auf die Arbeitsaufträge. Die einfachsten Sachen wollen mir nicht mehr einfallen, ich habe einen totalen Blackout. So ein Mist! Bevor ich bei jeder Aufgabe etwas hinschreiben kann, ist die Zeit auch schon um. Dass das keine gute Note werden wird, ist mir sofort klar, aber in dem Moment völlig egal. Ich packe meine Sachen zusammen und laufe raus auf den Flur. Erstmal durchatmen!

Hoppla! Fast wäre ich mit meiner Mutter zusammengestoßen. Zu meiner Überraschung steht sie direkt vor der Tür. Ich wundere mich, aber bin unglaublich froh sie zu sehen. "Ich habe kurzfristig einen Termin in der Kinderarztpraxis bekommen. Das Sekretariat weiß schon Bescheid. Komm, wir können sofort los!" Ich falle ihr erleichtert in die Arme. Noch weitere zwei Schulstunden hätte ich nicht durchgestanden. Ich bin so platt!

In der Praxis ist nicht viel los und wir kommen gleich dran. Nachdem ich gefragt worden bin, ob ich mir "meine Lippen hell geschminkt hätte", werde ich untersucht und der Arzt möchte wissen, ob mir irgendwo kleine rote

Pünktchen aufgefallen wären. Ich bejahe dies und erkläre ihm, dass ich auch schon meine fast neuen Kletterschuhe habe entsorgen müssen, weil meine Mutter meinte, sie seien zu eng und der Druck wäre verantwortlich für die Petechien. Jetzt ist er merkwürdig still. Wir sollen kurz warten, es würde alles für eine Blutabnahme und den Ultraschall vorbereitet werden. Langsam macht sich ein mulmiges Gefühl in mir breit. So viel Aufwand wegen einer Erkältung? Sehr seltsam. Ich lasse die Untersuchungen über mich ergehen und möchte eigentlich nur noch nach Hause. Doch dorthin werden wir gar nicht mehr gelassen! Wir sollen sofort und ohne Umwege in die Uniklinik fahren, wo ein genaueres Blutbild angefertigt werden soll.

Wir wundern uns über den energischen Ton, nehmen die Anweisung aber ernst und halten uns an die Wegbeschreibung, die wir schriftlich bekommen haben. Diese führt uns in die onkologische Tagesklinik. Merkwürdig. Aber es ist Mittwochnachmittag. Um diese Zeit ist nur noch ein Arzt da und der hat wahrscheinlich hier sein Büro - so dachten wir zumindest.

Was ist
Leukämie?

Und jetzt?

Die Blutabnahme findet wie angeordnet statt und keine halbe Stunde später wird klar, dass wir nicht zufällig in diesem Teil der Klinik gelandet sind. Im Arztgespräch erhalten wir, ohne Vorwarnung, die erschütternde und alles verändernde Diagnose:

ALL. Leukämie. Blutkrebs.

Ich erstarre, den Blick auf den Boden gerichtet, und breche sofort in Tränen aus. Ich spüre die Hand meiner Mutter, die mir sanft über den Rücken streicht und sinke an ihrer Seite kraftlos in mich zusammen. Ich soll schwer krank sein? Niemals! Wie kommt der Arzt nur auf die Idee, so etwas zu behaupten? Krebs? Ich? Das kann nicht sein!

Es dauert eine ganze Weile bis ich mich wieder fange und als ich aufschaue, sehe ich, dass auch meiner Mutter Tränen über die Wangen laufen. Mit erstickter Stimme fragt sie: "Und jetzt?" Der Arzt erklärt uns, dass es drei Phasen der Thera-

pie gibt und der Ablauf in einem detaillierten Protokoll vorgegeben ist. Er bereitet uns außerdem darauf vor, dass ich die ersten Wochen, die Zeit der sogenannten Akutphase, durchgehend stationär aufgenommen sein werde.
Es folgen noch einige Untersuchungen und irgendwann kommen wir dann auf der Kinderkrebsstation an. Mir wird ein Zimmer zugewiesen und erst jetzt haben wir Zeit um meinen Vater zu informieren; er macht sich natürlich sofort auf den Weg, fährt vorher aber noch zu Hause vorbei, um mir das Nötigste mitzubringen.
Wir sind zum Glück erstmal für uns und meine Mutter darf ausnahmsweise, eigentlich bin ich schon zu alt, die ersten Nächte bei mir bleiben. So bin ich erstmal nicht alleine und das ist auch gut so. Denn sobald ich endlich eingeschlafen bin, schrecke ich wieder hoch, weil ich schlecht geträumt habe und fange dann erneut an zu weinen, weil mir die Situation immer wieder aufs Neue bewusst wird. Auch meinen Eltern geht es nicht anders. Wir sind zutiefst schockiert, können es einfach nicht begreifen und wissen nicht, wohin mit uns und den wirren Gedanken.

Am nächsten Tag geht es Schlag auf Schlag. Meine Eltern und ich werden rechtlich aufgeklärt. Wir müssen uns entscheiden, ob wir den Medikamenten und Behandlungen zustimmen; mit allen Nebenwirkungen und Folgen. Das machen wir. Denn wenn man sich zwischen Leben und Tod entscheiden muss, gibt es nicht viel zu überlegen.
Nicht einmal eine halbe Stunde später beginnt sie, meine Krebstherapie. Noch am selben Tag wird sowohl eine Knochenmarkpunktion als auch eine Lumbalpunktion durchgeführt, bei der ich die erste Chemo-Gabe direkt ins Nervenwasser bekomme. Außerdem muss ich ab sofort das Medikament Kortison einnehmen.

Nicht einmal eine Woche später steht zudem, aufgrund des Infektionsrisikos, das Herauslösen meiner festen Zahnspange an und am Tag danach wird mir ein Port implantiert. Das ist ein Dauerzugang, der meist rechts oder links unter dem Schlüsselbein sitzt. Er ist dafür da, Medikamente oder Blutprodukte direkt zum Herzen beziehungsweise in den Blutkreislauf zu bringen. Und das ohne jedes Mal nach einer Vene für den Zugang suchen zu müssen.

Florian Künstler -
Tausende mehr

Die ersten Tage

Die Port-Implantation ist meine allererste Operation. Den Vorbereitungsraum für die Narkose finde ich sehr gruselig, es sieht hier ein bisschen aus wie in einem schlechten Horrorfilm. Mein Puls rast und dann werden auch noch meine Arme auf je einer Platte festgebunden. Mit der Anweisung tief ein- und auszuatmen wird mir eine Maske aufgesetzt und ich soll mir überlegen, wovon ich träumen möchte. Ich entscheide mich für die Berge und das Wandern und bevor ich noch weiter darüber nachdenken kann, fallen mir auch schon die Augen zu.

Das Nächste woran ich mich erinnere, ist das Gewackel des Krankenwagens, in dem ich einmal quer über das Gelände der Uniklinik zurück zur Station transportiert werde. Als sich dessen Türen öffnen, spüre ich einen angenehm kühlen Windstoß. Ich atme ein, mache die Augen auf und erblicke meine Mutter. Ich lächle sie an. Uns beiden steht die Erleichterung ins Gesicht geschrieben: Es ist alles gutgegangen!

Nach und nach löst sich die Schockstarre der ersten Tage und ich finde mich auch relativ schnell damit ab, dass meine Eltern nicht durchgehend bei mir sein können. Dafür sorgt, neben dem freundlichen Personal und der tollen Ausstattung der Station, die Tatsache, dass mich eine gute Freundin in den ersten Wochen ein paar Mal besuchen kann. Das geht eigentlich nicht, aber da ich keine Geschwister habe, wurde mir erlaubt eine Person auszusuchen, die vorbeikommen darf. Wir kochen und backen gemeinsam in der Küche der Station und für ein paar Momente können wir alles um uns herum vergessen. Es tut richtig gut, neben meinen Eltern eine weitere vertraute Person um mich zu haben, die mir von "der Welt da draußen" berichten kann. Ein paar Klassenkameradinnen haben ihr kleine Geschenke für mich mitgegeben, darüber freue ich mich riesig. Außerdem erzählt sie, dass es jetzt ein "Protokoll-Buch-Notiz-Dingens" gibt, in dem mir berichtet werden wird, was in der Schule so los ist. Es geht in der Klasse herum, wer möchte, schreibt etwas hinein, und ich bekomme es immer wieder vorbeigebracht; zum Lesen und um schriftlich eine Nachricht für meine Mitschülerinnen und Mitschüler zu hinterlassen. Diese wunderschöne Idee sei entstanden, nachdem meine

Mutter ungefähr eine Woche nach der Diagnose die Klasse besucht hat. Sie war dort mit Unterstützung der Vertrauenslehrerin, um meinen Mitschülerinnen und Mitschülern die Krankheit zu erklären und, dass ich im Moment nicht in die Schule gehen darf, weil mein Immunsystem in der Zeit der Intensivtherapie durch die Medikamente so stark heruntergefahren wird, dass jeder noch so kleine Infekt für mich lebensgefährlich sein kann. So entstehen keine Gerüchte und alle wissen Bescheid, warum ich so plötzlich von der Bildfläche verschwunden bin.

Wenn gerade niemand zu Besuch da sein kann und ich genug Energie habe, findet man mich im Spiel- und Bastelzimmer. Hier gibt es einiges zur Beschäftigung und Ablenkung. In diesem Raum habe ich unter anderem auch mein Türschild gebastelt. Jeder, der möchte, hat eins und solange man zu Hause ist, hängt es an einer langen Leine auf dem Flur der Station. Sobald man stationär aufgenommen wird, kann man es an einem Brett neben der Tür des Zimmers, das einem zugewiesen wurde, befestigen. So wissen alle, wer sich darin aufhält.

Mark Forster - Weiter

Endlich zu Hause

Es ist kurz vor Pfingsten. Ich sitze, mittlerweile in einem Doppelzimmer, auf meinem Bett und frühstücke. Völlig unerwartet kommt die für mich zuständige Ärztin herein und teilt mir freudig mit: "Die Medikamente schlagen gut an und die Werte sind so wie sie sein sollen. Du darfst morgen nach Hause!"
Damit habe ich nun wirklich nicht gerechnet. Schließlich waren wir darauf eingestellt, dass ich noch deutlich länger auf der Station bleiben muss. Ich bin völlig perplex, schaue die Ärztin verdutzt an und bringe nicht mehr heraus als ein leises "Danke." Ich rufe sofort meine Mutter an. Sie ist ebenfalls total überrascht und freut sich riesig. Allerdings löse ich mit dieser Nachricht auch ziemlichen Stress bei ihr und meinem Vater aus. Denn bevor ich heimkomme, wollten die beiden das gesamte Haus gründlich putzen und desinfizieren. Da uns die Information über die Entlassung jetzt so kurzfristig erreicht hat, bleibt ihnen nicht mehr viel Zeit um alles vorzubereiten.

Am nächsten Morgen will ich gerade damit beginnen meine Sachen zusammenzupacken, als meine Mutter durch die Tür kommt. Mit einem breiten Grinsen im Gesicht schaue ich sie an und auch sie strahlt vor Freude und drückt mich ganz fest. Ich darf nach Hause! Endlich! Wir packen alles ein, bemühen uns aber, nicht so viel über daheim zu sprechen, da wir den neidischen und traurigen Blick meiner Bettnachbarin bemerken.
Kurz vor Mittag ist es dann so weit. Die Ärztin spricht mit uns nochmal alles durch und dann dürfen wir die Kinderkrebsstation verlassen. Ich kann es noch gar nicht so richtig glauben.

Keine Viertelstunde später kommen wir tatsächlich zu Hause an. Mein Vater steht schon an der Tür und nimmt mich fest in den Arm. Im Anschluss begrüße ich unsere Hündin Lilli. Auch für sie werden sich jetzt ein paar Dinge ändern: Nach jedem Spaziergang muss sie sich die Pfoten waschen lassen, damit sie so wenig Erde wie möglich ins Haus trägt. Denn in dieser befinden sich viele Bakterien und Pilze, welche für mich ein Infektionsrisiko darstellen. Aus diesem Grund dürfen während der Intensivphase auch keine Zimmerpflanzen im Haus sein und ich bin dazu angehalten einen Mundschutz aufzusetzen, wenn ich draußen an einer Baustelle vorbeilaufe. Wir müssen außerdem darauf achten, dass die Lilli mich nicht kratzt oder im Gesicht abschlabbert. Aber das scheint sie schon verstanden zu haben und ich kann ihr gar nicht oft genug durch das flauschige Fell wuscheln. Ich habe sie so sehr vermisst!

Ich wasche mir gründlich die Hände und achte darauf, sie mit dem Handtuch abzutrocknen, das meine Mutter extra für mich separat aufgehängt hat. Als Nächstes gehe ich in die Küche, um meine Patentante zu begrüßen, die ein paar Tage bei uns zu Besuch ist. Es zerreißt mir das Herz, ihr weder die Hand geben, noch sie umarmen zu dürfen und auch ihr fällt es sichtlich schwer. Doch es überwiegt die Freude darüber, dass wir uns hier zu Hause treffen können und sie dafür nicht in die Klinik kommen muss. Der Schmerz ist endgültig vergessen, als ich sehe, dass sie Spaghetti mit Tomatensoße, mein absolutes Lieblingsessen, gekocht hat.
Ich gehe in mein Zimmer, ziehe mir etwas Gemütliches an, das nicht nach Krankenhaus riecht, und lasse mich auf mein Bett fallen.
Endlich zu Hause!

Weitere Informationen

Regeln und Vorgaben

Es ist ein tolles Gefühl wieder hier zu sein. Gleichzeitig herrscht auch eine gewisse Unsicherheit; schließlich sind wir jetzt auf uns alleine gestellt. Natürlich ist in dringenden Fällen immer jemand von der Station erreichbar, aber für die Einhaltung der ganzen Regeln und Vorgaben sind ab heute wir verantwortlich. Jetzt liegt es an uns, den Besuch nach seinem Gesundheitszustand zu fragen und ihn darauf hinzuweisen, dass er sich die Hände desinfizieren oder gründlich waschen soll. Auch um die Einhaltung der Lebensmittelvorgaben müssen wir uns jetzt alleine kümmern. Auf der Station wird einem hierbei sehr viel abgenommen. Denn es gibt spezielle keimarme Kost, die für jeden Patienten und jede Patientin individuell von der Klinikküche zusammengestellt wird. Zudem besteht hier jederzeit die Möglichkeit Kontakt zu einer Ernährungsberaterin aufzunehmen, die bei Fragen und Problemen helfen kann. Von ihr haben wir für die Zeit zu Hause eine über 20 Seiten lange Auflistung bekommen. In dieser steht, was ich während der Intensivphase essen

darf und was nicht:
Kein Blattsalat, nur pasteurisierte Milch, Fleisch und Fisch nur komplett durchgegart, keine Nüsse und, und, und. Außerdem ist Obst nur erlaubt, wenn es aus der Dose kommt oder eine glatte Oberfläche hat. Es darf weder mit dem Erdreich in Berührung gekommen sein, noch an Sträuchern wachsen und am besten sollte man es schälen. Gemüse ist für mich nur gekocht oder geschält essbar. Somit sind Tomaten theoretisch zulässig, ich verliere aber schnell die Geduld beim Pellen. Deshalb wird der Tomatensalat von meiner Mutter, den sie mir auch das ein oder andere Mal auf die Station mitbringt, zu etwas ganz Besonderem. Denn ich weiß, dass sie sich extra für mich so viel Mühe gemacht hat. Manchmal kann mich aber selbst das nicht darüber hinwegtrösten, dass ich bestimmte Lebensmittel einfach nicht zu mir nehmen darf.

Auch die Kontaktbeschränkungen sind sehr lästig. Ich darf von nicht mehr als drei Leuten gleichzeitig umgeben sein, natürlich unter der Voraussetzung, dass alle gesund sind. Deshalb gilt es öffentliche Orte und Menschenansammlungen zu meiden. Sollte es einmal unumgänglich sein, muss ich einen Mundschutz tragen.

Der fällt natürlich auf und so kommt es ein paar Wochen später beim Einkaufen mit meiner Mutter zu folgender Situation:

Wir stehen an der Kasse des kleinen Supermarkts bei uns um die Ecke. Ich bin ausnahmsweise mal zum Einkaufen mitgegangen. Dicht hinter mir steht eine Frau, ich spüre ihre Blicke schon die ganze Zeit in meinem Nacken. Ich drehe mich zu ihr um und möchte sie bitten etwas mehr Abstand zu halten. Jetzt sieht sie mich von vorn und damit auch den Mundschutz. Noch bevor ich etwas sagen kann, fixiert sie mich mit ihrem Blick und fragt laut, sodass es alle hören: "Oh, es ist hoffentlich nichts Schlimmes?" Ich bin fassungslos. Was geht sie das denn an? Ich bin völlig überrumpelt und stammle: "Ne, ne." Jetzt schaltet sich meine Mutter ein, die alles mitbekommen hat: "Na ja, eigentlich ist es schon ganz schön schlimm." Stille. Die Frau schaut mich an, als käme ich vom Mond. Ich will einfach nur noch raus hier. Zum Glück sind wir jetzt an der Reihe, packen alles ein, bezahlen und fahren nach Hause.

Das Thema Haare

Es ist der 21. Juni 2018. Meine Mutter und ich kommen gerade vom Friseur, ich habe mir die Haare zu einem "buzz cut" abrasieren lassen. Denn langsam aber sicher beginnen sie auszufallen. Mit den "Igelstacheln" stört es jetzt weniger und auch der Staubsauger kommt mit ihnen besser zurecht als mit den langen Strähnen. Wenn ich mir mit der Hand über den Kopf fahre, fühlt es sich noch sehr seltsam an und aus Gewohnheit will ich mir nach wie vor die Haare hinters Ohr streichen. Es dauert ein paar Tage, bis ich mich an den Anblick im Spiegel und die Haptik gewöhnt habe, aber ich finde beides nicht schlimm. Ich wusste, dass mir die Haare irgendwann ausfallen werden und ändern kann ich es sowieso nicht. Bereits vor ein paar Wochen habe ich mich von ihnen verabschiedet, indem ich noch ein letztes Mal meine Lieblingsfrisur, einen französischen Zopf, gemacht habe. Und dann kam, damit die Umstellung nicht ganz so groß ist, schon mal ein ordentliches Stück ab.

Von Anfang an konnte ich es mir nicht vorstellen eine Perücke oder Kopftücher zu tragen und so habe ich mir, noch in der Akutphase, ein paar Mützen im Internet bestellt. Draußen trage ich diese jetzt eigentlich immer. Vor allem dann, wenn ich nicht selbstbewusst und stark sein kann oder möchte. Drinnen kommen die Kopfbedeckungen eigentlich nur zum Einsatz, wenn ich friere. Hier will ich mich nicht verstecken und es ist auch gar nicht nötig. Im Gegenteil, mir wird sogar ein paar Mal gesagt, dass mir die neue Frisur sehr gut stehen würde, unter anderem auch von drei Lehrerinnen meiner Schule.

Ab dem 26. Juni 2018 bekomme ich nämlich Hausunterricht. Wir wussten vorher überhaupt nicht, dass es diese Möglichkeit gibt. Erst der psychosoziale Dienst der Kinderklinik hat uns darauf aufmerksam gemacht und auch gleich, zwei Tage nach der Diagnosestellung, den Antrag dafür gestellt. Diesem wurde mittlerweile stattgegeben und so kommt jetzt dreimal die Woche jeweils eine Lehrerin zu uns nach Hause und macht mit mir eine Doppelstunde Unterricht. Hierbei werden die Hauptfächer abgedeckt, die Hefteinträge der Nebenfächer werden mir dankenswerterweise von meinen Mitschülerinnen abfotografiert und zugeschickt. Ich bin sehr froh, dass sich drei Lehrkräfte von meiner Schule bereiterklärt haben den Hausunterricht zu übernehmen, es hätten auch völlig fremde Leute sein können. Trotzdem ist der quasi private Kontakt zu den Lehrerinnen am Anfang etwas ungewohnt und der Unterricht deutlich herausfordernder als in der Klasse. Denn ich muss auf jede Frage antworten und es gibt keine Möglichkeit sich hinter meinen Mitschülerinnen und Mitschülern zu verstecken. Aber meine Tutorinnen sind sehr geduldig mit mir. Wir stehen immer mit ihnen in Kontakt und sie reagieren sehr verständnisvoll, auch, wenn wir mal kurzfristig absagen müssen, was aber nur selten der Fall ist. Ansonsten sind der Unterricht und die Hausaufgaben, die es ab und zu gibt, eine willkommene Abwechslung und manchmal macht sogar Mathe Spaß! Dass das alles so gut klappt, ist nicht selbstverständlich und ich bin den Lehrerinnen sehr dankbar dafür. Insgesamt versuche ich, so gut es geht, am Unterrichtsstoff dranzubleiben. Denn mein Ziel ist es, mit meiner Klasse in die nächste Jahrgangsstufe vorzurücken. Ich möchte auf gar keinen Fall wiederholen!

Enjoy the little things in life,
for one day you'll look back
and realise they were the Big things

Die onkologische Tagesklinik

Weil es das Therapieprotokoll so vorsieht, bin ich in bestimmten Abständen für Medikamentengaben per Infusion ein paar Nächte lang auf der Kinderkrebsstation. Ansonsten habe ich das große Glück zu Hause schlafen zu dürfen, weil es mir den Umständen entsprechend gut geht und wir nicht einmal drei Kilometer von der Klinik entfernt wohnen. In diesen Zeiten wird alles über die onkologische Tagesklinik geregelt. Wenn dort ein Termin ansteht - und das ist anfangs eigentlich jeden Tag der Fall, später gibt es auch mal längere Pausen - begleitet mich meine Mutter. Fast immer geht es als Erstes ins Labor zur Blutkontrolle, anschließend begeben wir uns auf die ambulante Station. Dort stehen ein Arztgespräch und eventuelle Untersuchungen an, immer wieder findet auch eine ambulante Gabe der Chemotherapie oder anderer Medikamente statt. Dazu muss der Port "angestochen" werden. Wenn ich das vorher weiß, trage ich, damit es weniger weh tut, im Bereich der späteren Einstichstelle eine Salbe mit betäubender Wirkung auf und klebe ein Pflaster darüber. Das ganze passiert bevor wir zu Hause losfahren, damit noch genügend Zeit zum Einwirken bleibt. Das mache ich auch, allerdings dann am Bauch, wenn die "3-Monats-Spritze" fällig ist. Sie soll die weiblichen Organe schützen sowie eventueller Unfruchtbarkeit vorbeugen und der Einstich bereitet somit ebenfalls etwas weniger Schmerzen. Einige Medikamente brauchen sehr lange bis sie durchgelaufen sind. Die Zeit nutze ich, wenn ich genug Energie habe, für Hausaufgaben oder Lernen. Des Öfteren sind auch zwei Lehrerinnen der "Schule für Kranke" auf der Station, die schulpflichtige Patientinnen und Patienten bei Bedarf unterstützen. Dieses tolle Angebot nehme ich eigentlich immer gerne in Anspruch.

Während den Aufenthalten in der Tagesklinik werden wir ab und zu auch gefragt, ob wir meine Krankheitsgeschichte einigen Studentinnen und Studenten erzählen würden, sie wollen vor allem wissen, wie es zu der Diagnose kam. Für die angehenden Ärztinnen und Ärzte ist der direkte Kontakt natürlich toll, mit der Zeit nervt es aber, wenn man immer und immer wieder alles von vorne erzählen muss. Dieses "Schicksal" ereilt im Laufe der ganzen Klinikaufenthalte so gut wie jeden Patienten und jede

Patientin mindestens einmal, wenn nicht sogar öfter. Unter anderem dadurch bleiben wir dann das ein oder andere Mal doch etwas länger in der Tagesklinik. Ist das der Fall, bekomme ich dort eine warme Mahlzeit, meine Mutter holt sich dann meistens etwas vom Bäcker. Sind wir schon früher fertig, bereiten wir unser Mittagessen daheim zu. Wir genießen, dass es hier nicht so trubelig ist wie in der Klinik. Meistens, vor allem, wenn am Vormittag eine Chemo-Infusion war, lege ich mich danach erstmal hin. Ansonsten verbringen wir viel Zeit mit Gesellschaftsspielen und dem ein oder anderen Puzzle. Sendungen im Fernsehen sowie Filme und Serien dürfen natürlich ebenfalls nicht fehlen und selbstverständlich hänge ich des Öfteren auch einfach nur vor dem Handy ("Mäusekino", wie mein Vater immer so schön sagt) herum. Besonders dann, wenn mir alles zu viel wird und ich Ablenkung brauche oder an den Tagen, an denen mir jegliche Energie fehlt und ich nur im Bett oder auf dem Sofa liege. Hier kuschelt sich unsere Hündin Lilli oft dazu; Tiere spüren einfach, wenn man sie braucht.

Lilli

Ohne die Lilli hätte mich meine Mutter bestimmt nicht dazu motivieren können, aber Dank unserer Hündin schaffen wir es eigentlich immer, mindestens einmal am Tag nach draußen zu gehen. Meistens mache ich mit ihr auf einem abgelegenen Skateplatz ein bisschen Agility. Es ist nichts Weltbewegendes, aber die Bewegung und die frische Luft tun einfach unglaublich gut. Des Öfteren fahren wir auch zu unserer Lieblings-Hundewiese. Sie liegt direkt an einem breiten Fluss und die Hunde können sich hier nach Herzenslust austoben. Ich genieße den Blick aufs Wasser, er bringt mich immer zur Ruhe. Oft habe ich auch meine Kamera dabei, um diese schönen Momente festzuhalten. Deren große Bedeutung ist mir erst durch die Erkrankung bewusst geworden. Meist sind wir gegen 16 Uhr unterwegs. Manchmal, wenn es zu heiß ist, machen wir uns auch erst in den Abendstunden auf den Weg. Denn, da meine Haut durch das Kortison sehr empfindlich ist, soll ich die pralle Sonne meiden. Deswegen und alleine schon aufgrund der Infektionsgefahr, ist das Freibad für mich in diesem Sommer tabu. Als Ersatz haben wir ein Planschbecken auf die Terrasse gestellt. Die Abkühlung tut wahnsinnig gut und wenn dann gerade auch noch eine der längeren Pausen ist, in denen ich teilweise nur einmal die Woche zu einer kurzen Kontrolle in die onkologische Tagesklinik muss, fühlt es sich fast schon "normal" an. Aber auch in diesen Zeiten gilt es natürlich weiterhin alle Regeln einzuhalten. Und die vielen Tabletten die ich täglich nehmen muss, sowie die phasenweise allabendliche Anti-Thrombose-Spritze, tragen ihren Teil dazu bei, dass ich nicht ganz vergessen kann, in welcher Situation ich mich befinde.

Aber die Abwehrkräfte sind im Moment so gut, dass die Ärzte grünes Licht für einen Besuch bei meiner Klasse geben. Dieser findet knapp zwei Wochen nach meinem Geburtstag statt. Eine der Hauslehrerinnen ist so lieb und stellt mir einen Teil ihrer Unterrichtsstunde am Vormittag zur Verfügung. Wir haben den Zeitpunkt so gewählt, dass ich nur ganz wenigen Menschen auf dem Flur begegnen sollte. Meine Mutter lässt mich am Eingang raus und ich mache mich auf den Weg zum Klassenzimmer. Wehmut macht sich in mir breit und Tränen steigen mir in die Augen. Wie gerne würde ich einfach wieder ganz normal zur Schule gehen können. Bevor ich noch länger darüber nachdenken kann, stehe ich auch schon vor der angelehnten Tür des Klassenzimmers. Noch einmal tief durchatmen, Tränen weg blinzeln, anklopfen. Die Lehrerin empfängt mich mit einem aufmunternden Lächeln. Meine Klassenkameradinnen und Klassenkameraden sind überrascht und es ist plötzlich ganz still im Klassenzimmer. Ich habe Muffins gebacken und möchte diese verteilen. Doch es traut sich keiner zu mir zu kommen. Ich mache den anderen keinen Vorwurf, ich hätte mich an ihrer Stelle wahrscheinlich genauso verhalten, aber ich weiß nicht wie ich jetzt mit dieser Situation umgehen soll. Dankenswerterweise hilft mir die Lehrerin und erklärt meinen Mitschülerinnen und Mitschülern, dass sie gerne zu mir nach vorne kommen dürfen. Jetzt löst sich die allgemein zu spürende Anspannung. Wir essen gemeinsam Muffins, ich erzähle ein bisschen und antworte auf die vielen Fragen die mir gestellt werden. Zum Abschluss machen wir noch ein Gruppenfoto. Es war wirklich schön, alle wiederzusehen.

Mundschleimhautentzündung

Es ist der 12. Dezember 2018. Bisher verläuft die Intensivphase ziemlich genau nach Plan und ohne große Zwischenfälle. Es ist sogar schon ungefähr abzusehen, dass sie demnächst enden wird und seit einer Woche muss ich auch keine Kortisontabletten mehr nehmen. Doch so richtig freuen kann ich mich nicht.
Zurzeit habe ich eine Mundschleimhautentzündung. Und sie wird immer schlimmer. Bei jedem Kauen und Herunterschlucken brennt es fürchterlich, Essen und Trinken fällt mir dadurch sehr schwer. Trotzdem habe ich in den letzten Tagen enorm zugenommen; es sind Wassereinlagerungen. Ich fühle mich wie ein Hefekloß, der immer und immer weiter aufgeht. Und das bleibt leider nicht ohne Folgen: Schon seit ein paar Wochen bilden sich, kurz über meinen Beckenknochen, die man mittlerweile nur noch erahnen kann, richtig auffällige Dehnungsstreifen, 2 cm breit und 5 cm lang. Denn das Kortison macht die Haut sehr dünn und rissig und sie kann mit dem zunehmenden Bauchumfang nicht mithalten. Ich fange sofort

an die Stellen mehrmals täglich einzucremen, doch es ist bereits zu spät. Unaufhaltsam bilden sich auf beiden Seiten noch weitere dieser Streifen und auch am Rücken fängt es an. Ich kann beim besten Willen nichts dagegen tun. Keine Bodylotion und kein Pflegeöl hilft. Nicht einmal Schüßler-Salben können dem Voranschreiten etwas entgegensetzen und das, obwohl die Salze mir bisher sehr gut geholfen haben.
Und nicht nur mein Bauch wird immer dicker. Auch mein Gesicht schwillt so stark an, dass ich meine Augen und den Mund nicht ganz öffnen kann. Weil sich zusätzlich auch noch Erkältungsanzeichen bemerkbar machen, fahren wir zur Kontrolle in die Tagesklinik. Der Entzündungswert im Blut ist zu hoch. Mir wird ein Antibiotikum per Infusion verabreicht und ich werde stationär aufgenommen. Ich bekomme eine Morphin-Pumpe über die ich mir, wenn die Schmerzen besonders stark sind, einen sogenannten Bolus, eine zusätzliche Gabe des Schmerzmittels, verabreichen kann. Natürlich ist hier die Höchstdosis begrenzt.

In den nächsten Tagen werden immer wieder die Blutwerte kontrolliert und verschiedenste Medikamente angehängt. Es dauert eine Weile, aber dann wird es besser. Mein Gesicht schwillt etwas ab und ich kann endlich das Stirnband aufsetzen, das mir meine Patentante als vorzeitiges Weihnachtsgeschenk zugeschickt hatte. Es ist wunderschön und total flauschig. Ich will es gar nicht mehr absetzen. Auch die Mundschleimhautentzündung ist mittlerweile deutlich besser geworden. So kommt es, dass ich am 18. Dezember nach Hause darf. Auf dem Weg zum Auto genieße ich die frische Luft und die Sonnenstrahlen, die mich an der Nasenspitze kitzeln. Ich bin froh, dass ich Weihnachten nicht in der Klinik verbringen muss. Wobei die wunderschön dekorierte Station auch hierfür bestens vorbereitet gewesen wären. Auf dem Umgang vor jedem Zimmer steht ein echter kleiner Tannenbaum, den die jeweiligen Patientinnen und Patienten schmücken dürfen. Während ich dort war, fand sogar einmal ein Adventssingen auf der Station statt und es kamen ein paar bekannte Sportler aus unserer Region vorbei, die jedem und jeder von uns einen vom ganzen Team unterschriebenen Basketball geschenkt hatten.

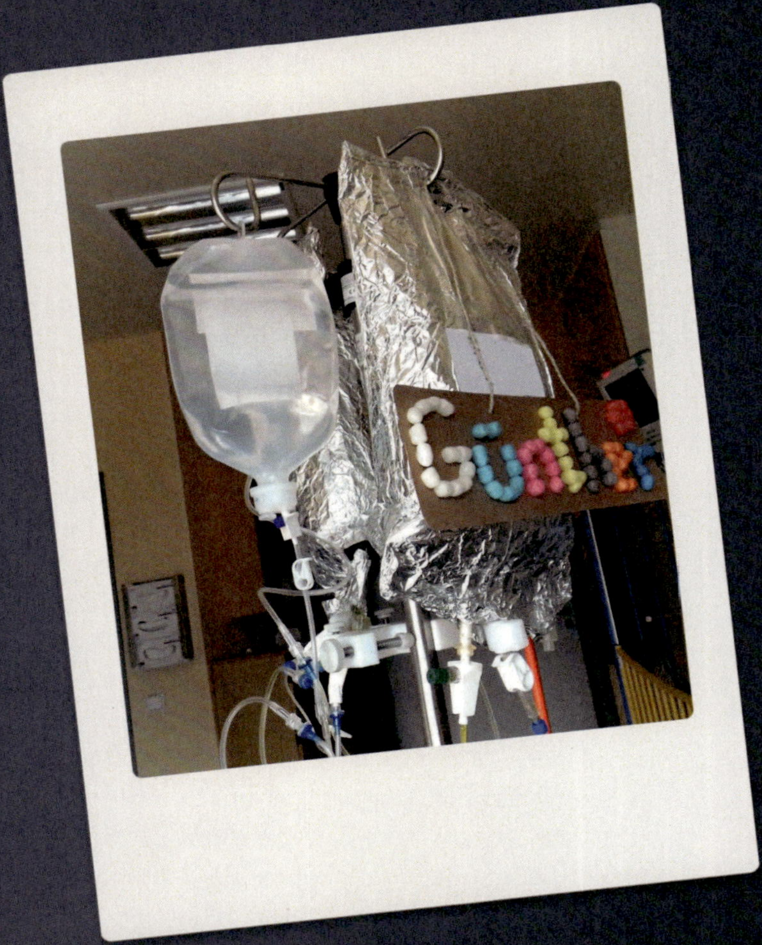
Günter

Die Zeit auf Station

Nach so einem stationären Aufenthalt wie er gerade hinter mir liegt, genieße ich immer die Ruhe zu Hause, vor allem nachts. Keine Krankenschwester die wiederholt hereinkommt und immer eine Lampe anmachen muss, damit sie etwas sieht. Kein nerviges Piepsen und Blinken von medizinischen Geräten und kein Pulsoximeter am Finger das Alarm schlägt, wenn ich es abmache um auf die Toilette zu gehen. Und das kommt oft vor, denn alle Patientinnen und Patienten müssen Bilanz führen und wenn die nicht passt, wird ein entwässerndes Medikament verabreicht. Das ist auch ganz besonders praktisch, wenn man nach einer Lumbalpunktion vier Stunden flach im Bett liegen bleiben soll. Länger als zwei Stunden habe ich es selten ausgehalten. Die Kopfschmerzen, die zwingend entstehen wenn man sich zu früh in die Senkrechte begibt, habe ich dann in Kauf genommen und bin ins Bad gegangen.

Das ist generell kein einfaches Unterfangen. Denn egal wohin man geht, man muss den Infusionsständer mitnehmen. Ich habe es einer

Mitpatientin nachgemacht und meinem einen Namen gegeben. Er heißt Günther und hat von mir ein wunderschönes Namensschild verpasst bekommen. Dieses nehme ich immer mit, wenn ich stationär aufgenommen werde und so habe ich keinen x-beliebigen Infusionsständer als ständigen Begleiter, sondern meinen Günther. Bei vielen wird er auch noch mit einer Mutperlen-Kette geschmückt. Sie wird zu Beginn der Therapie angefangen und für jeden Behandlungsschritt, jede Untersuchung und jede Chemo-Gabe, bekommt man die entsprechende Perle und fädelt sie auf. So entsteht eine Kette, die, wie der Name schon sagt, Mut macht und das Durchhaltevermögen stärkt. Meine befindet sich in einem liebevoll genähten Stoffbeutel, der mir zu Beginn von einer Mitarbeiterin der Station geschenkt wurde. Das ist möglich, weil es ganz tolle Menschen gibt, die solche schönen Sachen, unter anderem auch Kissen und Mützen, ehrenamtlich nähen und stricken.

Auch sonst versuchen wir die Zeit auf der Station so angenehm wie möglich zu gestalten. Tagsüber ist meine Mutter bei mir, sie fährt zwischendurch auch immer mal wieder nach Hause. Abends übergibt sie mich dann an meinen Vater. Wenn er direkt von der Arbeit kommt, essen wir in der Klinik gemeinsam zu Abend. In meinem Kühlschrankfach in der Gemeinschaftsküche - jeder Patient und jede Patientin hat hier eins - gibt es immer einen kleinen Vorrat an Butter und Frischkäse für ihn, Brot kann man sich jederzeit von einem Wagen auf dem Flur holen. Fast immer hat mein Vater vorher angerufen und gefragt, ob er noch etwas einkaufen soll. Meistens habe ich mich für Chips und Essiggurken entschieden, denn durch das Kortison entstehen ordentlich Appetit und teilweise seltsame Gelüste. Nach dem Abendessen setzen wir uns dann meistens in die Leseecke, um meine Zimmernachbarin nicht zu stören, vor allem dann, wenn es ein Kleinkind oder Baby ist. Wir knabbern die Snacks, entweder direkt aus der Einkaufstasche oder aus meinem Vorrat im Schrank und wir spielen "Stadt, Land, Fluss", bis die Nachtschwester meinen Vater zum Aufbruch drängen muss. Zu Hause könnten wir so lange sitzenbleiben wie wir wollen; an diesem Tag gehe ich aber früh schlafen, schließlich wollen wir morgen den Weihnachtsbaum schmücken und dafür muss ich fit sein.

I CAN'T
KEEP CALM
TODAY WAS
MY LAST
CHEMO!

Das Ende der Intensivtherapie

Das machen wir am nächsten Tag auch. Der Christbaum sieht gar nicht so schlecht aus, dafür, dass es einer aus Kunststoff ist. Doch Weihnachtsstimmung will irgendwie überhaupt nicht aufkommen, weder in den Tagen bis, noch an Heiligabend selbst. Alles ist irgendwie schwermütig. Ich bin den ganzen Abend schlecht gelaunt, nicht einmal die liebevollen Karten und Geschenke meiner Familie können mich aufmuntern. Wir sehen uns noch irgendeine der typischen Weihnachtssendungen im Fernsehen an und ich gehe früh ins Bett.

Vier Tage später steht der letzte geplante stationäre Aufenthalt in der Klinik an, es ist aber zum Glück nur eine Nacht und so bin ich rechtzeitig zu Silvester wieder daheim. Wir halten es ganz gemütlich und stehen zum Jahreswechsel auf dem Balkon, zünden Wunderkerzen an und schauen dem Feuerwerk zu, das überall um uns herum gezündet wird. So richtig zum Feiern ist mir aber auch hier nicht zumute. Das kommt erst nach der letzten Chemo-Gabe über die

Vene, am 10. Januar 2019. An diesem Tag wollen meine Eltern und ich nochmal so richtig auf das neue Jahr und den neuen Abschnitt anstoßen.
Dabei bleibt es aber nicht, es wird noch viel besser. Zu meiner Überraschung besuchen mich drei Klassenkameradinnen, sie haben extra einen Kuchen für mich gebacken. Wir lassen ihn uns schmecken und irgendwann gehen wir dann nach draußen, um Wunderkerzen und ein kleines Gartenfeuerwerk anzuzünden. Es ist ein sehr schöner Abend und die letzte intravenöse Chemo-Gabe wird gebührend gefeiert.

Die nächsten zwei Wochen verlaufen sehr ruhig und ich genieße die Verschnaufpause. Doch am 16. Januar funktioniert der Port plötzlich nicht mehr. Er sollte in der Tagesklinik angestochen werden. Dafür habe ich wie immer die betäubende Salbe aufgetragen. Trotzdem ist der Einstich sehr schmerzhaft. Es lässt sich kein Blut abnehmen und so probiert es die Ärztin noch einmal. Und noch einmal. Nichts. Sie holt eine Kollegin dazu, die zwei weitere Male zusticht. Immer noch nichts. Keine Chance. Die letzte Nadel bleibt trotzdem erst einmal drin und wir sollen in einem Nebenzimmer kurz warten.

Mittlerweile laufen mir die Tränen über die Wangen und ich zittere am ganzen Körper. Ich habe solche Schmerzen! Normalerweise schaffe ich es, sie durch das Zusammenkneifen der Augen oder das Verkrampfen der Hände auszuhalten, aber als der Port eine halbe Stunde später für die Röntgenkontrolle mit Kochsalzlösung gespült werden soll, hört man meinen Schrei über den gesamten Flur. Es geht nicht! Zum Glück lässt man jetzt von mir ab und es wird ohne ein Röntgenbild entschieden, dass der Port explantiert werden soll. Das ganze findet am 24. Januar statt und die Operation verläuft ohne große Komplikationen.

Eine Woche später beginnt ganz offiziell die Erhaltungsphase, in der die Chemotherapie in Tablettenform weitergeführt wird und weiterhin regelmäßige Kontrolltermine in der onkologischen Tagesklinik stattfinden. Ich bin froh, dass ich den ersten Teil der Krebstherapie, die Intensivphase, hinter mich gebracht habe. Andererseits weiß ich, dass noch eineinhalb Jahre Geduld gefordert sind und im Moment kommt mir das unendlich lange vor.

Das Lied, welches mir gesungen wurde:

Wiedereinstieg in die Schule

Am 11. März 2019 ist es so weit. Ich darf wieder am Unterricht teilnehmen; persönlich und ganz in echt. Meine Mutter lässt mich am Hintereingang der Schule raus und die Freundin, die mich in der Akutphase besuchen durfte, holt mich ab. Wir laufen über den Hof und ins Schulgebäude hinein. Es ist gerade Pause und die Flure sind voll. Ich bin wahnsinnig aufgeregt. Immer wieder spüre ich Blicke auf mir. Ich habe keine Mütze auf und bis auf einen leichten Flaum, sind noch nicht viele Haare nachgewachsen. Zudem werde ich im Gesicht, aufgrund von Hitzeschüben ("Hallo?! Bin ich in den Wechseljahren oder wie?") immer wieder völlig unvermittelt rot. Und das leider nicht nur ein bisschen, sondern so, dass es jedem auffallen muss. Aber ich kann es nicht ändern. Die Schübe kommen daher, dass mein Hormonhaushalt durch die vielen Medikamente völlig durcheinandergeraten ist. Zu Hause sind mittlerweile alle daran gewöhnt, aber hier ist es mir sehr unangenehm. Außerdem weiß ich nicht, wer alles über meine Geschichte Bescheid weiß;

ob es in der Schule die Runde gemacht hat oder nur meine Klassenkameradinnen und Klassenkameraden im Bilde sind. Doch bevor ich weiter darüber nachdenken kann, sind wir auch schon am Klassenzimmer angekommen. Die Tür steht offen, aber bis es zur nächsten Stunde klingelt, bleibe ich mit ein paar anderen erstmal auf dem Flur. Sie freuen sich, sind aber alle irgendwie nervös. Ich bekomme mit, dass sie etwas geplant haben. Als der Gong ertönt, strömen alle in den Klassenraum. Der Lehrer fängt mich an der Tür ab. Er begrüßt mich sehr herzlich aber so, dass es nicht unbedingt alle mitbekommen. Das finde ich sehr angenehm. Ich bedanke mich, betrete das Zimmer und sehe was vorbereitet wurde. Quer über die Tafel hängt eine Girlande mit dem Schriftzug "Welcome back!". Wie ich später erfahre, hat jede und jeder meiner Mitschülerinnen und Mitschüler einen Buchstaben gestaltet. Das rührt mich sehr. Auch, dass im ganzen Klassenraum Luftballons aufgehängt wurden und jemand sogar Muffins gebacken hat, finde ich total lieb. Ich weiß gar nicht, was ich sagen soll und stehe etwas unschlüssig neben dem Lehrerpult. Zu meiner Überraschung wird ein Lied für mich angestimmt und während ich zuhöre, spielen sich die Ereignisse der letzten Monate wie in

einem Film vor meinem inneren Auge ab.
Ich sehe genau vor mir, wie ich mich im Mai letzten Jahres die Treppen nach oben geschleppt habe und wie gravierend sich danach alles verändert hat. Ich erinnere mich an die unzähligen Klinikaufenthalte, ambulant und stationär und daran wie schlecht es mir manchmal ging. Ich stelle mir meine Eltern vor, wie sie mir heute Morgen ermutigend zugesprochen haben und mir steigen Tränen in die Augen; aus Freude, dass ich es bis hierhin geschafft habe und aus Sorge vor der Zukunft.
Nach der letzten Strophe blinzle ich die Tränen weg, bedanke mich bei allen für den tollen Empfang und begebe mich zu meinem Platz. Ich sitze neben einer Schülerin, die erst vor Kurzem in die Klasse kam und wechsle ein paar Worte mit ihr. Sie scheint sehr nett zu sein, das nimmt mir einen Großteil meiner Nervosität.
Es ist total ungewohnt wieder mit der gesamten Klasse am Unterricht teilzunehmen und in einigen Fächern kommt mir vieles unbekannt vor. Ich bin froh, dass der Hausunterricht noch etwas weiterläuft, so kann ich gezielt Themen aufarbeiten und den Wiedereinstieg in die Schule ruhig angehen.

Unter Druck

Zumindest in der Theorie ist alles stressfrei. Praktisch gesehen stehe ich ziemlich unter Druck, denn ich möchte auf gar keinen Fall eine Ehrenrunde drehen! Mein Ziel ist es, mit allen anderen gemeinsam von der zehnten Klasse in die Oberstufe vorzurücken. Die Schule und meine Eltern drängen mich nicht dazu, ganz im Gegenteil. Der stellvertretende Schulleiter, mit dem wir auch bisher alles besprochen haben und der uns mit unglaublich viel Verständnis begegnet, lässt mir viel Freiraum; ich soll die Wiedereingliederung so gestalten, wie ich es brauche. Generell unterstützt er uns während der gesamten Zeit wahnsinnig gut und ist bei Fragen immer erreichbar. Gleiches gilt auch für alle anderen Lehrerinnen und Lehrer. Das ist nicht selbstverständlich und dafür bin ich ihnen sehr dankbar.

Trotzdem stehe ich generell irgendwie ziemlich unter Strom. Noch in den ersten Tagen muss ich meine Fächerwahl für die Oberstufe treffen und die Koordination zwischen Haus- und "normalem" Unterricht bedeutet ebenfalls großen organisatorischen Aufwand. Obwohl ich nicht den ganzen Tag in der Schule bin, ist alles unglaublich anstrengend für mich. Ziemlich bald stehen in allen Fächern Tests und Schulaufgaben an, über einen Nachteilsausgleich wird mir hierfür mehr Zeit zugestanden. Ich weiß, dass ich keine Höchstleistungen von mir erwarten darf, trotzdem stecke ich sehr viel Energie ins Lernen und die Prüfungen. Ich will es mir beweisen! Dadurch bin ich an manchen Tagen allerdings so kaputt, dass ich gar nicht in die Schule gehen kann. Wenn mich Infekte einholen, muss ich auch zu Hause bleiben. Und das passiert leider des Öfteren, da mein Immunsystem durch die Chemo-Tabletten immer noch etwas zurückgefahren arbeitet. Die tägliche Einnahme dieser erfordert zusätzlich einiges an Planung. Ich muss die Medikamente immer zur gleichen Zeit sowie mit einem gewissen Abstand zu den Mahlzeiten einnehmen. Welche Herausforderung das darstellt, wird ganz besonders bei der Abschlussfahrt der zehnten Klasse deutlich, die kurz vor den Sommerferien stattfindet. Zum ersten Mal bin ich alleine für die rechtzeitige Einnahme verantwortlich und ich muss die Tabletten immer und überall hin mitnehmen. Dadurch werde ich ständig daran erinnert, dass ich nicht ganz gesund bin. Das merke ich auch daran, dass ich nicht alle Programmpunkte mitmachen kann und öfter Pausen brauche als alle anderen. Mir fehlt einfach die Energie, zudem tut mir auch der rechte Fuß des Öfteren weh. Insgesamt ist dieses "Zurückkehren ins 'normale' Leben" gar nicht so einfach. Immer wieder muss ich gegen Rückschläge ankämpfen, sowohl von der geistigen als auch von der körperlichen Seite her. Es zeigt sich, welche Nach- und Nebenwirkungen die Medikamente haben und, dass der gesamte Mensch darunter leidet.

Auch in den Sommerferien zeigt sich das. Anstelle einer Familienrehabilitation, haben wir uns dazu entscheiden drei Wochen in einem Ferienhaus direkt an der Ostsee zu verbringen. Ich genieße die Zeit mit meinen Eltern und der Lilli sehr. Die Natur und das Meer tun uns allen wahnsinnig gut. Wir unternehmen viel, sowohl mit dem Fahrrad als auch zu Fuß. Es fühlt sich so richtig nach Leben an! Doch das rechte Sprunggelenk bereitet mir zunehmend Probleme und so richtig erholen kann ich mich irgendwie nicht. Schon weit vor Ferienende bin ich mit den Gedanken wieder bei der Schule.

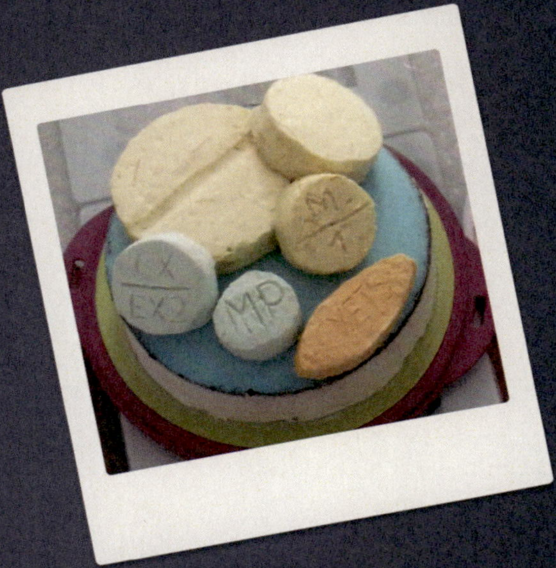
EX
EX2
MP

02.05.18
Auf nimmer
Wiedersehen,
LEUKÄMIE !
02.05.20

Das Ende der Erhaltungstherapie

Aus dem zweiten Halbjahr der neunten und dem ersten Halbjahr der zehnten Klasse fehlen mir Noten, schließlich war ich von Mai 2018 bis März 2019 nicht da. Deshalb darf ich "auf Probe" in die Oberstufe vorrücken. Wenn sich bis zum Ende des kommenden Halbjahres zeigt, dass ich gut genug bin, darf ich endgültig in der elften Klasse bleiben. Dadurch entsteht natürlich einiges an Stress. Generell merke ich, dass es mir irgendwie nicht so gut geht. In mir herrscht völliges Chaos. Um Ruhe und Ordnung zu schaffen schreibe ich meine Gedanken oft auf. Das hilft mir sehr. Aber ich bemerke, dass meine Akkus nicht ausreichend aufgeladen sind. Trotzdem will ich es durchziehen. Ich möchte so schnell es geht, mit der Schule fertig sein. Es gibt auch kurz die Überlegung, nach der zehnten Klasse aufzuhören, schließlich habe ich die mittlere Reife schon sicher in der Tasche. Aber jetzt bin ich ja schon fast am Ziel. Wenn ich heute zurückblicke, möchte ich mein damaliges Ich in den Arm nehmen und ihm sagen, dass es sich nicht so unter Druck setzen soll. Aber das habe ich damals nicht gesehen. Ich dachte, ich muss mich nur noch mehr strukturieren und Disziplin aufbauen, dann wird das schon alles werden. Leider habe ich dadurch den Blick für die kleinen Dinge verloren, die mir bisher so wichtigen Halt gegeben haben. Vielleicht hätte ich auf den Glückskeks hören sollen, der mir zu dieser Zeit geraten hat: Achten Sie darauf, dass Sie sich nicht zu sehr verausgaben.

Im Herbst tut das Sprunggelenk immer noch weh. Deshalb wird am 7. Oktober 2019 ein MRT gemacht. Wie sich herausstellt, hat die Behandlung mit Kortison dazu geführt, dass meine Knochen in bestimmten Bereichen nicht mehr richtig durchblutet werden und sie dadurch ihre Stabilität verlieren. Man nennt diese Stellen Osteonekrosen.
Beim Klettern beziehungsweise Bouldern, das ich vor Kurzem wieder angefangen habe, darf ich ab jetzt nicht mehr abspringen, sondern muss, wenn ich eine Route geschafft habe, wieder herunterklettern. Auch in den Faschingsferien 2020 muss ich mich einschränken. Ich fahre in dieser Zeit eigentlich immer Ski, doch dieses Mal muss ich schweren Herzens auf die

Bretter unter meinen Füßen verzichten. Denn ich komme nicht in die Skischuhe rein. Die Schmerzen im Sprunggelenk sind zu stark. Sie beschränken auch meine Gehstrecke ein bisschen, es geht aber und meine Mutter und ich gehen viel in der eindrucksvollen Winterlandschaft spazieren.

Am 2. Mai 2020 ist es so weit. Wir können den letzten Tag der Erhaltungsphase und somit das Ende der gesamten Krebstherapie feiern. Ich habe extra eine Chemo-Tabletten-Torte und einen Leukämie-Verabschiedungs-Kuchen gebacken. Den ganzen Nachmittag über sitzen wir gemütlich zusammen. Wir können es noch gar nicht so richtig glauben, es ist tatsächlich vorbei. Ich habe es geschafft, wir haben es geschafft! Doch die Freude wird etwas getrübt, da mir seit ein paar Wochen die rechte Hüfte weh tut.

Wenn wir damals schon geahnt hätten, was noch alles auf uns zukommen wird...

Doch das ist eine andere Geschichte. Und die hat hier definitiv keinen Platz mehr.

Buchempfehlung

Buchempfehlung